EDGAR ALLAN POE

TRADUCTION PAR

CHARLES BAUDELAIRE

LE CORBEAU

1845

PARU EN FRANÇAIS EN 1871

odéonlivre
2018
CHICAGO

LE CORBEAU.

« UNE fois, sur le minuit lugubre, pendant que je méditais, faible et fatigué,
Sur maint précieux et curieux volume d'une doctrine oubliée,
Pendant que je donnais de la tête, presque assoupi, soudain il se fit un tapotement,
Comme de quelqu'un frappant doucement, frappant à la porte de ma chambre.
« C'est quelque visiteur, — murmurai-je, — qui frappe à la porte de ma chambre ;
              Ce n'est que cela, et rien de plus. »

Ah ! distinctement je me souviens que c'était dans le glacial décembre,
Et chaque tison brodait à son tour le plancher du reflet de son agonie.
Ardemment je désirais le matin ; en vain m'étais-je efforcé de tirer de mes livres
Un sursis à ma tristesse, ma tristesse pour ma Lénore perdue,
Pour la précieuse et rayonnante fille que les anges nomment Lénore, —
              Et qu'ici on ne nommera jamais plus.

Et le soyeux, triste et vague bruissement des rideaux pourprés
Me pénétrait, me remplissait de terreurs fantastiques, inconnues pour moi jusqu'à ce jour ;
Si bien qu'enfin, pour apaiser le battement de mon cœur, je me dressai, répétant :
« C'est quelque visiteur qui sollicite l'entrée à la porte de ma chambre,
Quelque visiteur attardé sollicitant l'entrée à la porte de ma chambre ; —
              C'est cela même, et rien de plus. »

Mon âme en ce moment se sentit plus forte. N'hésitant donc pas plus longtemps :
« Monsieur, — dis-je, — ou madame, en vérité j'implore votre pardon ;
Mais le fait est que je sommeillais, et vous êtes venu frapper si doucement,
Si faiblement vous êtes venu taper à la porte de ma chambre,
Qu'à peine étais-je certain de vous avoir entendu. » Et alors j'ouvris la porte toute grande ;
                                              Les ténèbres, et rien de plus !

Scrutant profondément ces ténèbres, je me tins longtemps plein d'étonnement, de crainte,
De doute, rêvant des rêves qu'aucun mortel n'a jamais osé rêver ;
Mais le silence ne fut pas troublé, et l'immobilité ne donna aucun signe,
Et le seul mot proféré fut un nom chuchoté : « Lénore ! » —
C'était moi qui le chuchotais, et un écho à son tour murmura ce mot : « Lénore ! » —
                                              Purement cela, et rien de plus.

Rentrant dans ma chambre, et sentant en moi toute mon âme incendiée, j'entendis
Bientôt un coup un peu plus fort que le premier.
« Sûrement, — dis-je, — sûrement, il y a quelque chose aux jalousies de ma fenêtre ;
Voyons donc ce que c'est, et explorons ce mystère.
Laissons mon cœur se calmer un instant, et explorons ce mystère ; —
                                              C'est le vent, et rien de plus. »

Je poussai alors le volet, et, avec un tumultueux battement d'ailes,
Entra un majestueux corbeau digne des anciens jours.
Il ne fit pas la moindre révérence, il ne s'arrêta pas, il n'hésita pas une minute ;
Mais, avec la mine d'un lord ou d'une lady, il se percha au-dessus de la porte de ma chambre ;
Il se percha sur un buste de Pallas juste au-dessus de la porte de ma chambre ; —
>Il se percha, s'installa, et rien de plus.

Alors cet oiseau d'ébène, par la gravité de son maintien et la sévérité de sa physionomie,
Induisant ma triste imagination à sourire :
« Bien que ta tête,—lui dis-je,—soit sans huppe et sans cimier, tu n'es certes pas un poltron
Lugubre et ancien corbeau, voyageur parti des rivages de la nuit.
Dis-moi quel est ton nom seigneurial aux rivages de la Nuit plutonienne ! »
>Le corbeau dit : « Jamais plus ! »

Je fus émerveillé que ce disgracieux volatile entendît si facilement la parole,
Bien que sa réponse n'eût pas un bien grand sens et ne me fût pas d'un grand secours ;
Car nous devons convenir que jamais il ne fut donné à un homme vivant
De voir un oiseau au-dessus de la porte de sa chambre,
Un oiseau ou une bête sur un buste sculpté au-dessus de la porte de sa chambre,
>Se nommant d'un nom tel que Jamais plus !

Mais le corbeau, perché solitairement sur le buste placide, ne proféra que

Ce mot unique, comme si dans ce mot unique il répandait toute son âme.

Il ne prononça rien de plus ; il ne remua pas une plume, —

Jusqu'à ce que je me prisse à murmurer faiblement : « D'autres amis se sont déjà envolés loin de moi ;

Vers le matin, lui aussi, il me quittera comme mes anciennes espérances déjà envolées. »

         L'oiseau dit alors : « Jamais plus ! »

Tressaillant au bruit de cette réponse jetée avec tant d'à-propos :

« Sans doute, — dis-je, — ce qu'il prononce est tout son bagage de savoir,

Qu'il a pris chez quelque maître infortuné que le Malheur impitoyable

A poursuivi ardemment, sans répit, jusqu'à ce que ses chansons n'eussent plus qu'un seul refrain,

Jusqu'à ce que le De profundis de son Espérance eût pris ce mélancolique refrain :

         Jamais, jamais plus !

Mais, le corbeau induisant encore toute ma triste âme à sourire,

Je roulai tout de suite un siège à coussins en face de l'oiseau et du buste et de la porte ;

Alors, m'enfonçant dans le velours, je m'appliquai à enchaîner

Les idées aux idées, cherchant ce que cet augural oiseau des anciens jours,

Ce que ce triste, disgracieux, sinistre, maigre et augural oiseau des anciens jours

       Voulait faire entendre en croassant son Jamais plus !

Je me tenais ainsi, rêvant, conjecturant, mais n'adressant plus une syllabe
À l'oiseau, dont les yeux ardents me brûlaient maintenant jusqu'au fond du cœur ;
Je cherchais à deviner cela, et plus encore, ma tête reposant à l'aise
Sur le velours du coussin que caressait la lumière de la lampe,
Ce velours violet caressé par la lumière de la lampe que sa tête,
À Elle, ne pressera plus, — ah ! jamais plus !

Alors il me sembla que l'air s'épaississait, parfumé par un encensoir invisible
Que balançaient des séraphins dont les pas frôlaient le tapis de la chambre.
« Infortuné ! — m'écriai-je, — ton Dieu t'a donné par ses anges, il t'a envoyé
Du répit, du répit et du népenthès dans tes ressouvenirs de Lénore !
Bois, oh ! bois ce bon népenthès, et oublie cette Lénore perdue ! »
Le corbeau dit : « Jamais plus ! »

« Prophète ! — dis-je, — être de malheur ! oiseau ou démon, mais toujours prophète !
Que tu sois un envoyé du Tentateur, ou que la tempête t'ait simplement échoué,
Naufragé, mais encore intrépide, sur cette terre déserte, ensorcelée,
Dans ce logis par l'Horreur hanté, — dis-moi sincèrement, je t'en supplie,
Existe-t-il, existe-t-il ici un baume de Judée ? Dis, dis, je t'en supplie ! »
Le corbeau dit : « Jamais plus ! »

« Prophète ! — dis-je, — être de malheur ! oiseau ou démon ! toujours prophète !

Par ce Ciel tendu sur nos têtes, par ce Dieu que tous deux nous adorons,

Dis à cette âme chargée de douleur si, dans le Paradis lointain,

Elle pourra embrasser une fille sainte que les anges nomment Lénore,

Embrasser une précieuse et rayonnante fille que les anges nomment Lénore. »

             Le corbeau dit : « Jamais plus ! »

« Que cette parole soit le signal de notre séparation, oiseau ou démon ! — hurlai-je en me redressant. —

Rentre dans la tempête, retourne au rivage de la Nuit plutonienne ;

Ne laisse pas ici une seule plume noire comme souvenir du mensonge que ton âme a proféré ;

Laisse ma solitude inviolée ; quitte ce buste au-dessus de ma porte ;

Arrache ton bec de mon cœur et précipite ton spectre loin de ma porte ! »

             Le corbeau dit : « Jamais plus ! »

Et le corbeau, immuable, est toujours installé, toujours installé

Sur le buste pâle de Pallas, juste au-dessus de la porte de ma chambre ;

Et ses yeux ont toute la semblance des yeux d'un démon qui rêve ;

Et la lumière de la lampe, en ruisselant sur lui, projette son ombre sur le plancher ;

Et mon âme, hors du cercle de cette ombre qui gît flottante sur le plancher,

         Ne pourra plus s'élever, — jamais plus !

« Une fois, sur le minuit lugubre, pendant que je méditais, faible et fatigué,
Sur maint précieux et curieux volume d'une doctrine oubliée,

Ah ! distinctement je me souviens que c'était dans le glacial décembre,
Et chaque tison brodait à son tour le plancher du reflet de son agonie.

Ardemment je désirais le matin ; en vain m'étais-je efforcé de tirer de mes livres

Un sursis à ma tristesse, ma tristesse pour ma Lénore perdue,

tristesse pour ma Lénore perdue,

Pour la précieuse et rayonnante fille que les anges nomment Lénore, —
                                      Et qu'ici on ne nommera jamais plus.

« C'est quelque visiteur qui sollicite l'entrée à la porte de ma chambre,
Quelque visiteur attardé sollicitant l'entrée à la porte de ma chambre ;

Et alors j'ouvris la porte toute grande ;
Les ténèbres, et rien de plus !

De doute, rêvant des rêves qu'aucun mortel n'a jamais osé rêver ;

« Sûrement, — dis-je, — sûrement, il y a quelque chose aux jalousies de ma fenêtre ;

Voyons donc ce que c'est, et explorons ce mystère.

Je poussai alors le volet

un majestueux corbeau digne des anciens jours.
Il ne fit pas la moindre révérence, il ne s'arrêta pas, il n'hésita pas une minute ;

Il se percha sur un buste de Pallas juste au-dessus de la porte de ma chambre
Il se percha, s'installa, et rien de plus.

voyageur parti des rivages de la nuit.

Jusqu'à ce que je me prisse à murmurer faiblement : « D'autres amis se sont déjà envolés loin de moi ;

Vers le matin, lui aussi, il me quittera comme mes anciennes espérances déjà envolées. »

Alors, m'enfonçant dans le velours, je m'appliquai à enchaîner

Les idées aux idées,

Ce velours violet caressé par la lumière de la lampe que sa tête,
     À Elle, ne pressera plus, — ah ! jamais plus !
!

« Infortuné ! — m'écriai-je, — ton Dieu t'a donné par ses anges, il t'a envoyé

Du répit, du répit et du népenthès dans tes ressouvenirs de Lénore !

Dans ce logis par l'Horreur hanté—

dis-moi sincèrement, je t'en supplie,
Existe-t-il, existe-t-il ici un baume de Judée ? Dis, dis, je t'en supplie ! »

Dis à cette âme chargée de douleur si, dans le Paradis lointain,
Elle pourra embrasser une fille sainte que les anges nomment Lénore,

« Que cette parole soit le signal de notre séparation, oiseau ou démon !
— hurlai-je en me redressant. —

Rentre dans la tempête, retourne au rivage de la Nuit plutonienne ;

Et mon âme, hors du cercle de cette ombre qui gît flottante sur le plancher,
> Ne pourra plus s'élever, — jamais plus !

And my soul from out that shadow that lies floating on the floor

Shall be lifted—nevermore!

"Get thee back into the tempest and the Night's Plutonian shore!

"Be that word our sign of parting, bird or fiend!" I shrieked, upstarting—

Tell this soul with sorrow laden if, within the distant Aidenn,
It shall clasp a sainted maiden whom the angels name Lenore—

tell me truly, I implore—
Is there—is there balm in Gilead?—tell me—tell me, I implore!"

On this home by Horror haunted—

"Wretch," I cried, "thy God hath lent thee—by these angels he hath sent thee

Respite—respite and nepenthe from thy memories of Lenore;

But whose velvet-violet lining with the lamp-light gloating o'er,

She shall press, ah, nevermore!

Then, upon the velvet sinking, I betook myself to linking
Fancy unto fancy,

Till I scarcely more than muttered "Other friends have flown before—
On the morrow he will leave me, as my Hopes have flown before."

wandering from the Nightly shore—

Perched upon a bust of Pallas just above my chamber door—
                              Perched, and sat, and nothing more.

a stately Raven of the saintly days of yore;

Not the least obeisance made he; not a minute stopped or stayed he;

Open here I flung the shutter,

"Surely," said I, "surely that is something at my window lattice;
Let me see, then, what thereat is, and this mystery explore—

Doubting, dreaming dreams no mortal ever dared to dream before;

here I opened wide the door;—
Darkness there and nothing more.

"'Tis some visitor entreating entrance at my chamber door—
Some late visitor entreating entrance at my chamber door;—

For the rare and radiant maiden whom the angels name Lenore—
Nameless here for evermore.

—sorrow for the lost Lenore—

Eagerly I wished the morrow;—vainly I had sought to borrow

From my books surcease of sorrow—sorrow for the lost Lenore—

Ah, distinctly I remember it was in the bleak December;

And each separate dying ember wrought its ghost upon the floor.

Once upon a midnight dreary, while I pondered, weak and weary,

Over many a quaint and curious volume of forgotten lore—

"Prophet!" said I, "thing of evil!—prophet still, if bird or devil!
By that Heaven that bends above us—by that God we both adore—
Tell this soul with sorrow laden if, within the distant Aidenn,
It shall clasp a sainted maiden whom the angels name Lenore—
Clasp a rare and radiant maiden whom the angels name Lenore."
                                              Quoth the Raven "Nevermore."

"Be that word our sign of parting, bird or fiend!" I shrieked, upstarting—
"Get thee back into the tempest and the Night's Plutonian shore!
Leave no black plume as a token of that lie thy soul hath spoken!
Leave my loneliness unbroken!—quit the bust above my door!
Take thy beak from out my heart, and take thy form from off my door!"
                                              Quoth the Raven "Nevermore."

And the Raven, never flitting, still is sitting, *still* is sitting
On the pallid bust of Pallas just above my chamber door;
And his eyes have all the seeming of a demon's that is dreaming,
And the lamp-light o'er him streaming throws his shadow on the floor;
And my soul from out that shadow that lies floating on the floor
                                              Shall be lifted—nevermore!

This I sat engaged in guessing, but no syllable expressing
To the fowl whose fiery eyes now burned into my bosom's core;
This and more I sat divining, with my head at ease reclining
On the cushion's velvet lining that the lamp-light gloated o'er,
But whose velvet-violet lining with the lamp-light gloating o'er,
                                      She shall press, ah, nevermore!

Then, methought, the air grew denser, perfumed from an unseen censer
Swung by Seraphim whose foot-falls tinkled on the tufted floor.
"Wretch," I cried, "thy God hath lent thee—by these angels he hath sent thee
Respite—respite and nepenthe from thy memories of Lenore;
Quaff, oh quaff this kind nepenthe and forget this lost Lenore!"
                                      Quoth the Raven "Nevermore."

"Prophet!" said I, "thing of evil!—prophet still, if bird or devil!—
Whether Tempter sent, or whether tempest tossed thee here ashore,
Desolate yet all undaunted, on this desert land enchanted—
On this home by Horror haunted—tell me truly, I implore—
Is there—*is* there balm in Gilead?—tell me—tell me, I implore!"
                                      Quoth the Raven "Nevermore."

But the Raven, sitting lonely on the placid bust, spoke only

That one word, as if his soul in that one word he did outpour.

Nothing farther then he uttered—not a feather then he fluttered—

Till I scarcely more than muttered "Other friends have flown before—

On the morrow *he* will leave me, as my Hopes have flown before."

                                             Then the bird said "Nevermore."

Startled at the stillness broken by reply so aptly spoken,

"Doubtless," said I, "what it utters is its only stock and store

Caught from some unhappy master whom unmerciful Disaster

Followed fast and followed faster till his songs one burden bore—

Till the dirges of his Hope that melancholy burden bore

                                             Of 'Never—nevermore'."

But the Raven still beguiling all my fancy into smiling,

Straight I wheeled a cushioned seat in front of bird, and bust and door;

Then, upon the velvet sinking, I betook myself to linking

Fancy unto fancy, thinking what this ominous bird of yore—

What this grim, ungainly, ghastly, gaunt, and ominous bird of yore

                                             Meant in croaking "Nevermore."

Open here I flung the shutter, when, with many a flirt and flutter,

In there stepped a stately Raven of the saintly days of yore;

Not the least obeisance made he; not a minute stopped or stayed he;

But, with mien of lord or lady, perched above my chamber door—

Perched upon a bust of Pallas just above my chamber door—

          Perched, and sat, and nothing more.

Then this ebony bird beguiling my sad fancy into smiling,

By the grave and stern decorum of the countenance it wore,

"Though thy crest be shorn and shaven, thou," I said, "art sure no craven,

Ghastly grim and ancient Raven wandering from the Nightly shore—

Tell me what thy lordly name is on the Night's Plutonian shore!"

          Quoth the Raven "Nevermore."

Much I marvelled this ungainly fowl to hear discourse so plainly,

Though its answer little meaning—little relevancy bore;

For we cannot help agreeing that no living human being

Ever yet was blessed with seeing bird above his chamber door—

Bird or beast upon the sculptured bust above his chamber door,

          With such name as "Nevermore."

Presently my soul grew stronger; hesitating then no longer,

"Sir," said I, "or Madam, truly your forgiveness I implore;

But the fact is I was napping, and so gently you came rapping,

And so faintly you came tapping, tapping at my chamber door,

That I scarce was sure I heard you"—here I opened wide the door;—

                                        Darkness there and nothing more.

Deep into that darkness peering, long I stood there wondering, fearing,

Doubting, dreaming dreams no mortal ever dared to dream before;

But the silence was unbroken, and the stillness gave no token,

And the only word there spoken was the whispered word, "Lenore?"

This I whispered, and an echo murmured back the word, "Lenore!"—

                                        Merely this and nothing more.

Back into the chamber turning, all my soul within me burning,

Soon again I heard a tapping somewhat louder than before.

"Surely," said I, "surely that is something at my window lattice;

Let me see, then, what thereat is, and this mystery explore—

Let my heart be still a moment and this mystery explore;—

                                        'Tis the wind and nothing more!"

THE RAVEN.

Once upon a midnight dreary, while I pondered, weak and weary,
    Over many a quaint and curious volume of forgotten lore—
While I nodded, nearly napping, suddenly there came a tapping,
As of some one gently rapping, rapping at my chamber door.
"'Tis some visitor," I muttered, "tapping at my chamber door—
                      Only this and nothing more."

Ah, distinctly I remember it was in the bleak December;
And each separate dying ember wrought its ghost upon the floor.
Eagerly I wished the morrow;—vainly I had sought to borrow
From my books surcease of sorrow—sorrow for the lost Lenore—
For the rare and radiant maiden whom the angels name Lenore—
                      Nameless *here* for evermore.

And the silken, sad, uncertain rustling of each purple curtain
Thrilled me—filled me with fantastic terrors never felt before;
So that now, to still the beating of my heart, I stood repeating
"'Tis some visitor entreating entrance at my chamber door—
Some late visitor entreating entrance at my chamber door;—
                      This it is and nothing more."

EDGAR ALLAN POE

THE RAVEN

1845

odéon livre
2018
CHICAGO